¡Ah, un mundo maravilloso se abre ante nosotros!

¡Hacia adelante!

Autoras

Alma Flor Ada • F. Isabel Campoy

Harcourt

SCHOOL PUBLISHERS

www.harcourtschool.com

¡Hacia adelante!

Harcourt
SCHOOL PUBLISHERS

www.harcourtschool.com

Tema 1
Sígueme

Contenido

Lección 1

Cuento para comenzar

Estudios Sociales

Lecturas conjuntas

Estudios Sociales

Escribir del tema   Enlace: Lectura y escritura

Oraciones sobre nosotros

Tema ② Uno para todos

Lección 6

Estudios Sociales

Estudios Sociales

Superlibros de los temas 1 y 2

¿Dónde vives?

Libros decodificables 1–6

Estrategias de comprensión

Antes de leer

Observa las fotos.
Piensa en lo que
ya sabes.

Establece un propósito.

Me gustaría aprender sobre ranas.

Mientras lees

Haz preguntas.

¿Qué comen las ranas?

Vuelve a leer.

Volveré a leer esta página.

Responde preguntas.

¡Oh! Algunas ranas comen insectos.

Después de leer

Primero, los renacuajos nacen de un huevo. Después, comienzan a cambiar. Por último, se convierten en ranas.

Este libro se parece a otro que he leído. Allí se describían los cambios por los que pasan las mariposas.

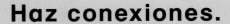

11

Tema (1) Sígueme

Sin título, Maja Anderson

Contenido

Lección 1

1 Cuento para comenzar

¡Epa!

por Nancy Furstinger
fotografías de Steve Williams

2 Género: No ficción

Paso a paso

por Alex Moran

fotografías de
Sonny Sensor

¡Muy bien! Rimas para niños

por Stephanie Calmenson

3 Género: Poesía

¡Epa!
por Nancy Furstinger
fotografías de Steve Williams

Fonética

p + vocal

s + vocal

Palabras para aprender

Repaso

y

yo

¡Epa!

por Nancy Furstinger
fotografías de
Steve Williams

Susi, Pipo y yo.

¡Epa, Pipo!

¡Epa, Susi!

¡Epa, Pepe!

¡Epa!

¿Y Papá?

¡Epa, Papá!

Destreza de enfoque

Predecir

Cuando leemos, pensamos en qué podría ocurrir después. Eso se llama **predecir.**

Observa las fotos.

Puedes predecir que probablemente los niños monten en sus bicicletas y den un paseo.

Observa estas fotos. ¿Qué podría ocurrir después? ¿Por qué crees eso?

Inténtalo

Observa las fotos. Di qué crees que ocurrirá después.

 www.harcourtschool.com/reading

25

sabes

ahora

todos

26

¿**Sabes** el paso?

¡Sí! **Ahora**, paso a paso...

¡Así! ¡**Todos**!

 www.harcourtschool.com/reading

27

Paso a paso
por Alex Moran
fotografías de Sonny Sensor
No ficción

Estudio del género

En un texto de **no ficción** se combinan las palabras y las fotos para brindar información.

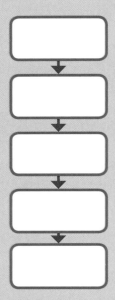

Estrategia de comprensión

Responder preguntas

Cuando respondes preguntas mientras lees, puedes comprender mejor lo que está sucediendo.

Paso a paso

por Alex Moran   fotografías de Sonny Sensor

Pepe pisa. ¡Pa! ¡Pa!

Susi, ¿sabes el paso?

Si lo sabes, baila…

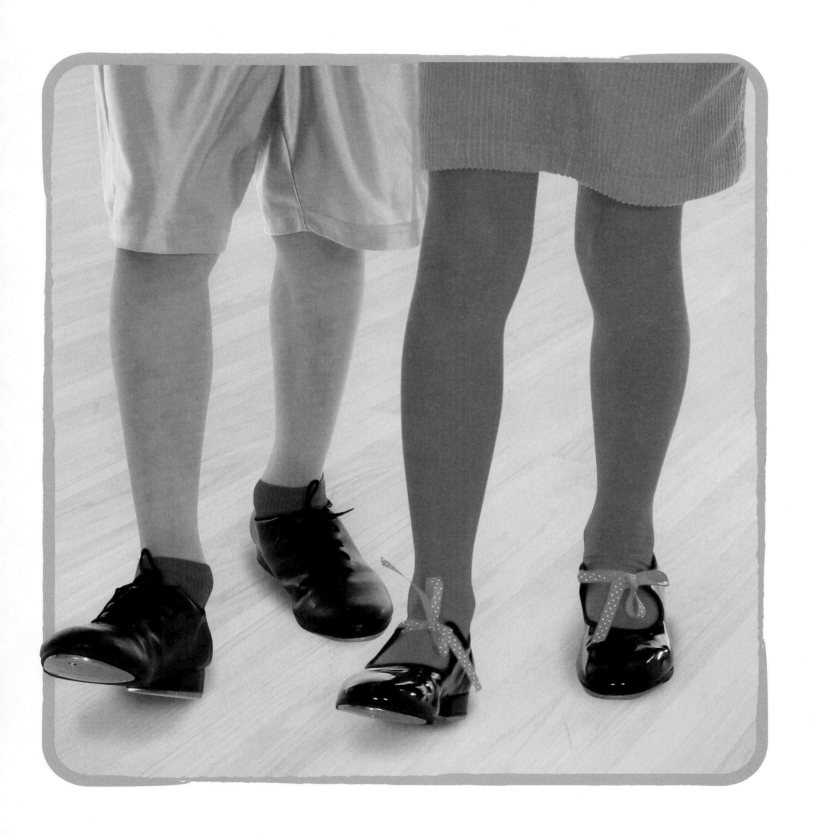

Así. Paso a paso.

Pepe pisa. Susi pisa.
¡Pa! ¡Pa!

Pipo y Pepa, ¿bailan?

Así, paso a paso.

Pisa. ¡Pa! ¡Pa! Pisa.
¡Pa! ¡Pa!

¡Ahora bailan todos!
Pepe y Pepa...

Pipo y Susi. ¡Pa! ¡Pa!

Pensamiento crítico

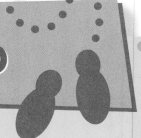

1 ¿Crees que estos niños enseñarán a bailar a otros niños? ¿Por qué? PREDECIR

2 ¿Cuántos niños bailan juntos al final de la historia? NOTAR DETALLES

3 ¿Crees que a estos niños les gusta bailar? ¿Cómo lo sabes? SACAR CONCLUSIONES

4 ¿Cómo aprenden a bailar los niños de la historia? INFERIR

5 **ESCRIBE** ¿Qué te gustaría aprender a hacer? Haz un dibujo sobre este tema y debajo escribe una palabra que se relacione con tu dibujo. RESPUESTA PERSONAL

Sonny Sensor

A Sonny Sensor le gusta
tomar fotografías porque dice
que de esa manera siempre
tendrá recuerdos de sus amigos
y familiares. Le agradó mucho
tomar fotografías para esta
historia. Dice que estas fotos
le hicieron recordar a sus dos
sobrinos, a quienes les encanta
bailar en las reuniones familiares.

 www.harcourtschool.com/reading

¡Muy bien! Rimas para niños
por Stephanie Calmenson

Poesía

¡Saltan, vuelan, se esconden!

por Stephanie Calmenson

Los perros mueven la cola.
Los conejos juegan al
escondido.
Los gatos saltan muy alto,
¡eso sí que es divertido!

Los pájaros
vuelan alto.
Y caminan los
ciempiés.
Las tortuguitas
se esconden.
¡Empecemos
otra vez!

Enlaces

Comparar textos

1 Comenta qué te gustó del cuento y del poema. ¿En qué se parecen? ¿En qué se diferencian?

2 ¿Qué clase de baile o movimiento te gustaría hacer?

3 Si inventaras una danza, ¿qué nombre le pondrías? ¿Cómo sería?

Escritura

Dibuja a los dos personajes principales de "Paso a paso" y escribe sus nombres debajo.

Pepe

Susi

Fonética

Forma y lee nuevas palabras.

Comienza con **peso**.

Cambia pe por pi .

Cambia pi por so .

Cambia el segundo so por pa .

Cambia so por pa .

Práctica de la fluidez

Practica la lectura de "Paso a paso" en voz alta con un compañero. Lee cada página hasta que puedas leer todas las palabras correctamente. Luego, escucha la lectura de tu compañero. Continúen leyendo hasta que puedan leer las palabras con fluidez y de manera correcta.

45

Enlace: Lectura y escritura

Oraciones sobre nosotros

"Paso a paso" trata sobre niños y niñas a los que les gusta bailar. Primero, leímos el cuento. Luego, hicimos un dibujo y escribimos una o dos palabras sobre cosas que nos gustaría hacer.

▶ **Primero, conversamos sobre el cuento.**

▶ **Luego, mencionamos cosas que nos gustaría hacer.**

▶ **Por último, mostramos nuestros dibujos y leímos las palabras que escribimos.**

Ejemplo de escritura

Quiero aprender a tocar los

tambores.

Quiero tocar música en una

banda.

Contenido

Lección 2

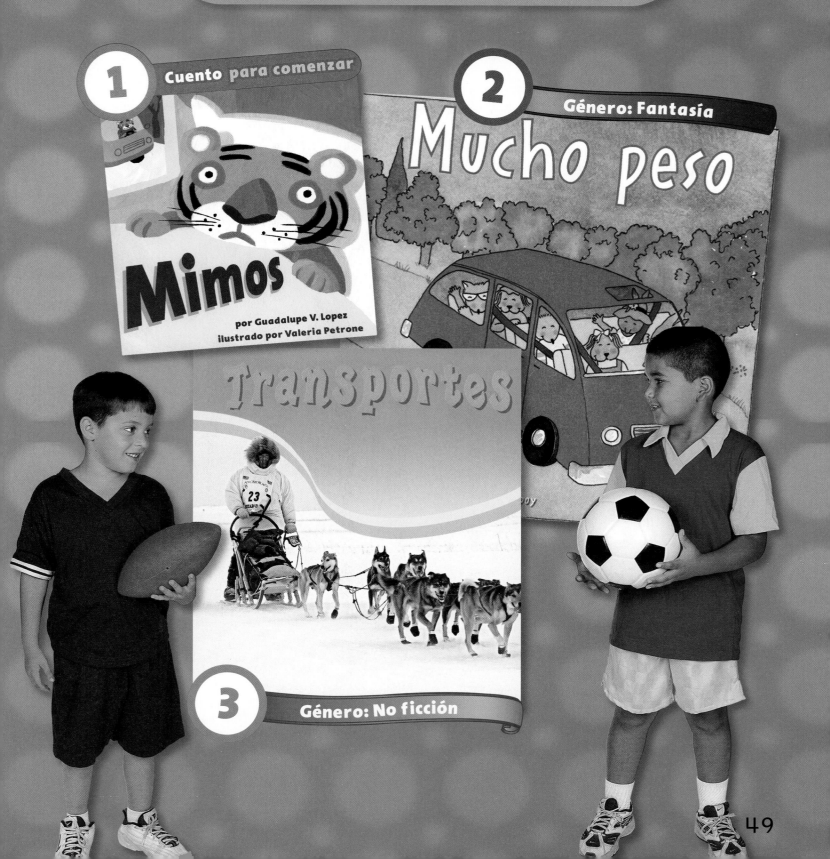

1 Cuento para comenzar

Mimos

por Guadalupe V. Lopez
ilustrado por Valeria Petrone

2 Género: Fantasía

Mucho peso

Transportes

3 Género: No ficción

Fonética

m + vocal

t + vocal

Palabras para aprender

Repaso

él

es

para

Mimos

por Guadalupe Lopez

ilustrado por Valeria Petrone

Él es Oto.

Ésa es Ema.

Ema se asoma.

Ema pasa.

¡Para Oto!

¡Más para Oto!

Ema mima a Oto.

Destreza de enfoque

Predecir

Si piensas en lo que ya sabes y en lo que ya ocurrió en un cuento, puedes **predecir** lo que ocurrirá después.

Observa estas fotos.

Puedes usar lo que observas y lo que ya sabes. Puedes predecir que probablemente la niña coma un poco de su comida.

Observa estas fotos. ¿Qué podría ocurrir después? ¿Por qué crees eso?

Inténtalo

Observa las fotos. Haz un dibujo para mostrar lo que crees que ocurrirá después.

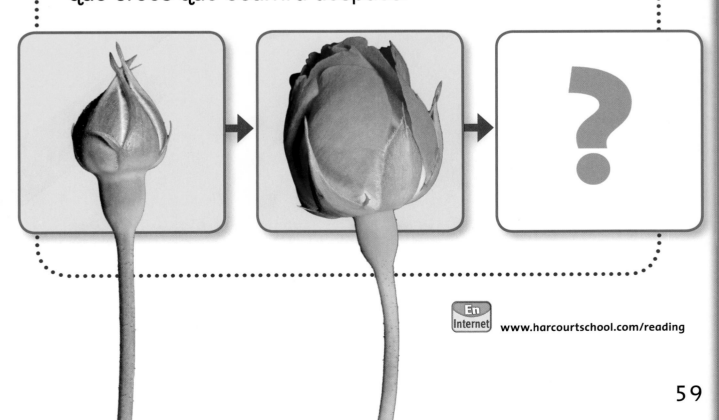

En Internet www.harcourtschool.com/reading

59

Palabras para aprender

Palabras de uso frecuente

mucho

hola

este

están

60

¡Es **mucho** peso, Tomi!

¡**Hola**, Tito!

Éste es Tito.

¿Dónde **están** todos?

Mucho peso

por Holly Keller
versión en español de F. Isabel Campoy

Fantasía

Estudio del género
En un cuento de **fantasía** pasan cosas que nunca podrían ocurrir en la vida real.

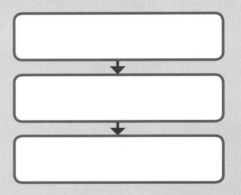

Estrategia de comprensión

Hacer preguntas Mientras lees, hazte preguntas. Hacer preguntas te ayudará a pensar en lo que estás leyendo.

Mucho peso

por Holly Keller
versión en español de F. Isabel Campoy

Éste es Tomi.

¡Hola, Mimí, Sami, Tito y Tati!

Así, Mimí. ¡Sube!

Así, Sami. ¡Sube!

Así, Tito. ¡Sube!

Así, Tati. ¿Están todos?

¿Qué pasa? ¿Pesa?

Sí, pesa mucho.

Tita tiene algo para el peso.

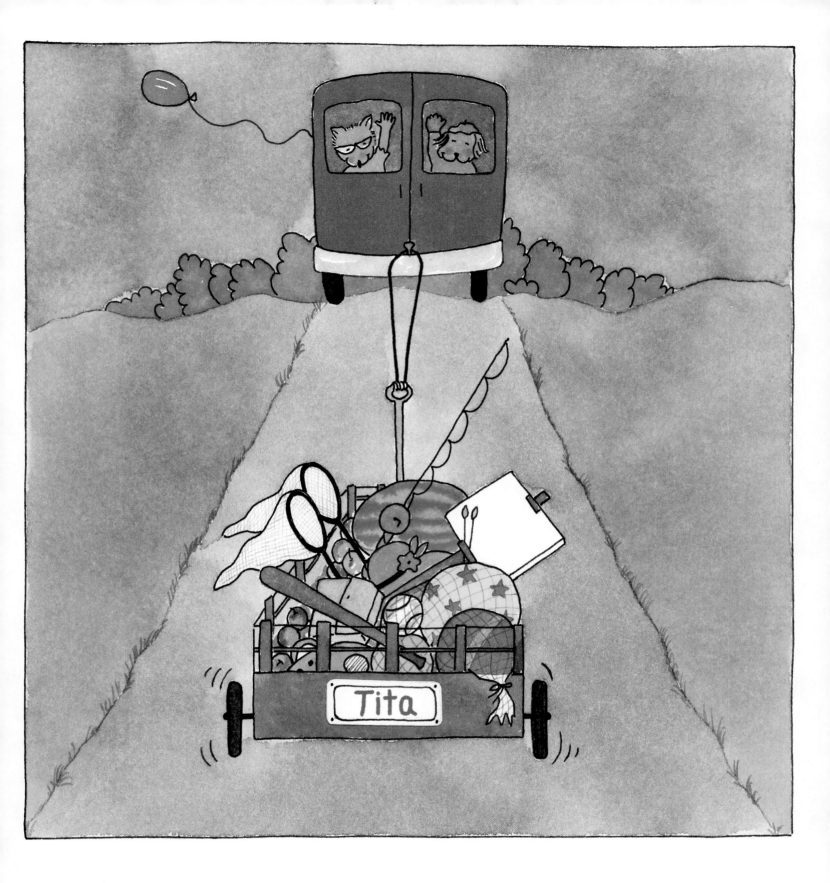

¡Así no pesa! ¡Qué bien, Tita!

Pensamiento crítico

1. ¿Adónde crees que van de paseo los animales? ¿Por qué crees eso? PREDECIR

2. ¿Qué ocurre cuando los amigos de Tomi ponen sus cosas en la camioneta? CAUSA Y EFECTO

3. ¿Quién resuelve el problema? ¿Cómo lo hace? PROBLEMA Y SOLUCIÓN

4. ¿Este cuento podría suceder en la vida real? ¿Por qué? FANTASÍA Y REALIDAD

5. **ESCRIBE** ¿Te gustó el cuento? Escribe sobre lo que has leído. RESPUESTA PERSONAL

Conoce a la autora e ilustradora
Holly Keller

A Holly Keller le encanta dibujar animales haciendo cosas que en la vida real hacen las personas. Aunque nunca tuvo mascotas, dice que es más divertido dibujar animales que personas. Toma las ideas para sus cuentos de sus experiencias de niña o de las cosas que hacían sus hijos cuando eran pequeños. Dice que la vida de los niños está repleta de historias.

Artículo

Maestros: Leer en voz alta

Transportes

Las personas viajan de un lugar a otro.

Viajan en trineo por la nieve y el hielo.

Viajan en barco por el agua.

Viajan en carros especiales por el desierto.

Enlaces

Comparar textos

1 Si Tomi, el personaje de "Mucho peso", tuviera el barco de "Transportes", ¿en qué cambiaría el cuento?

2 En "Mucho peso" y en "Paso a paso" varios amigos se ayudan entre sí. ¿Has ayudado alguna vez a un amigo? ¿Cómo?

3 Menciona alguna actividad que te gustaría hacer con tus amigos.

Escritura

Piensa en los personajes del cuento "Mucho peso" y escribe los nombres que recuerdes. Haz un dibujo del personaje del cuento que más te haya gustado.

Tomi
Mimí
Sami
Tito
Tati
Tita

Fonética

Forma y lee nuevas palabras.

Comienza con **pasa**.

Cambia **pa** por **ma**.

Cambia **ma** por **me**.

Cambia **sa** por **ta**.

Cambia **me** por **pa**.

Práctica de la fluidez

Lee en silencio "Mucho peso". Luego, vuelve a leerlo con un compañero. Túrnense para leer el cuento en voz alta hasta que puedan leer las palabras con fluidez y de manera correcta.

Contenido

Lección 3

1 Cuento para comenzar

Mónica

por Anne Mansk
fotografías de
Doug Dukane

2 Género: No ficción

Nico en el camino

por Paulette R. Novak
fotografías
de Doug Dukane

Camión con remolque

por Bobbi Katz
ilustrado por
Bob Staake

3 Género: Poesía

Fonética

Sílabas *ca, co, cu*
n + vocal

Palabras para aprender

Repaso

ella

es

tiene

un

él

en

para

los

Mónica

por Anne Mansk

fotografías de Doug Dukane

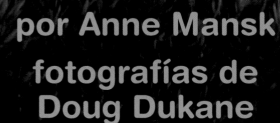

82

Ella es Mónica.

Mónica tiene un **camión**.

Poco a poco, Mónica toma nota.

Él es Nino.

¿Eso te pesa, Nino?
¡No! ¡No me pesa!

En una mesa, Mónica puso
leche para los nenes. ¡Sí!

Mmmm... ¿Tú no tomas?

Destreza fonética

Sílabas *ca, co, cu* y *n* + vocal

Observa las fotos. Busca las sílabas *ca, co, cu* en la palabra que aparece debajo de cada foto. ¿La sílaba con la letra *c* aparece al principio o al final de la palabra?

cama

saco

casa

Observa las fotos. Busca las sílabas *na, ne, ni, no, nu* en la palabra que aparece debajo de cada foto. ¿La sílaba con la letra *n* aparece al principio o al final de la palabra?

mono

pino

nota

Lee cada oración. Elige la foto que corresponde a cada oración.

Manu come.

Tomi tiene una camisa.

En Internet www.harcourtschool.com/reading

Inténtalo

Escribe las palabras *coco* y *nena.* Luego, escribe más palabras con las sílabas *ca, co, cu* y *na, ne, ni, no, nu.* Elige algunas de esas palabras y escribe una oración.

coco

nena

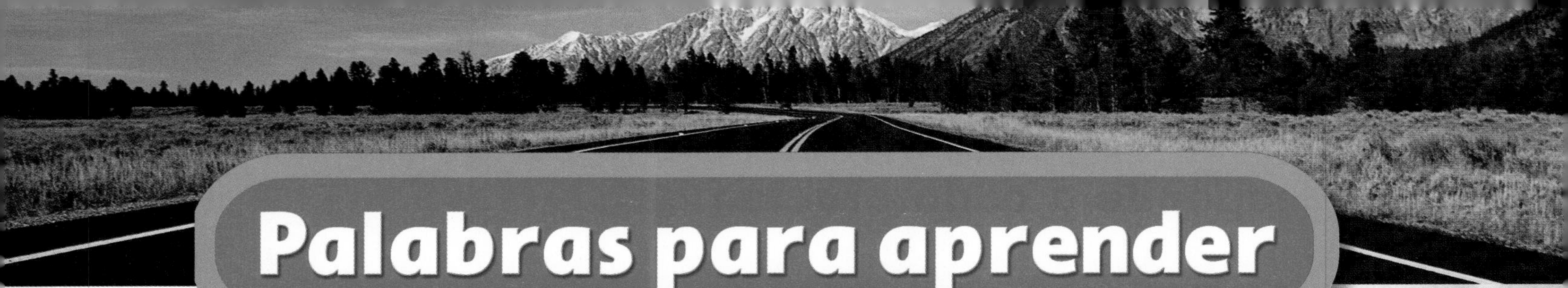

Palabras para aprender

Palabras de uso frecuente

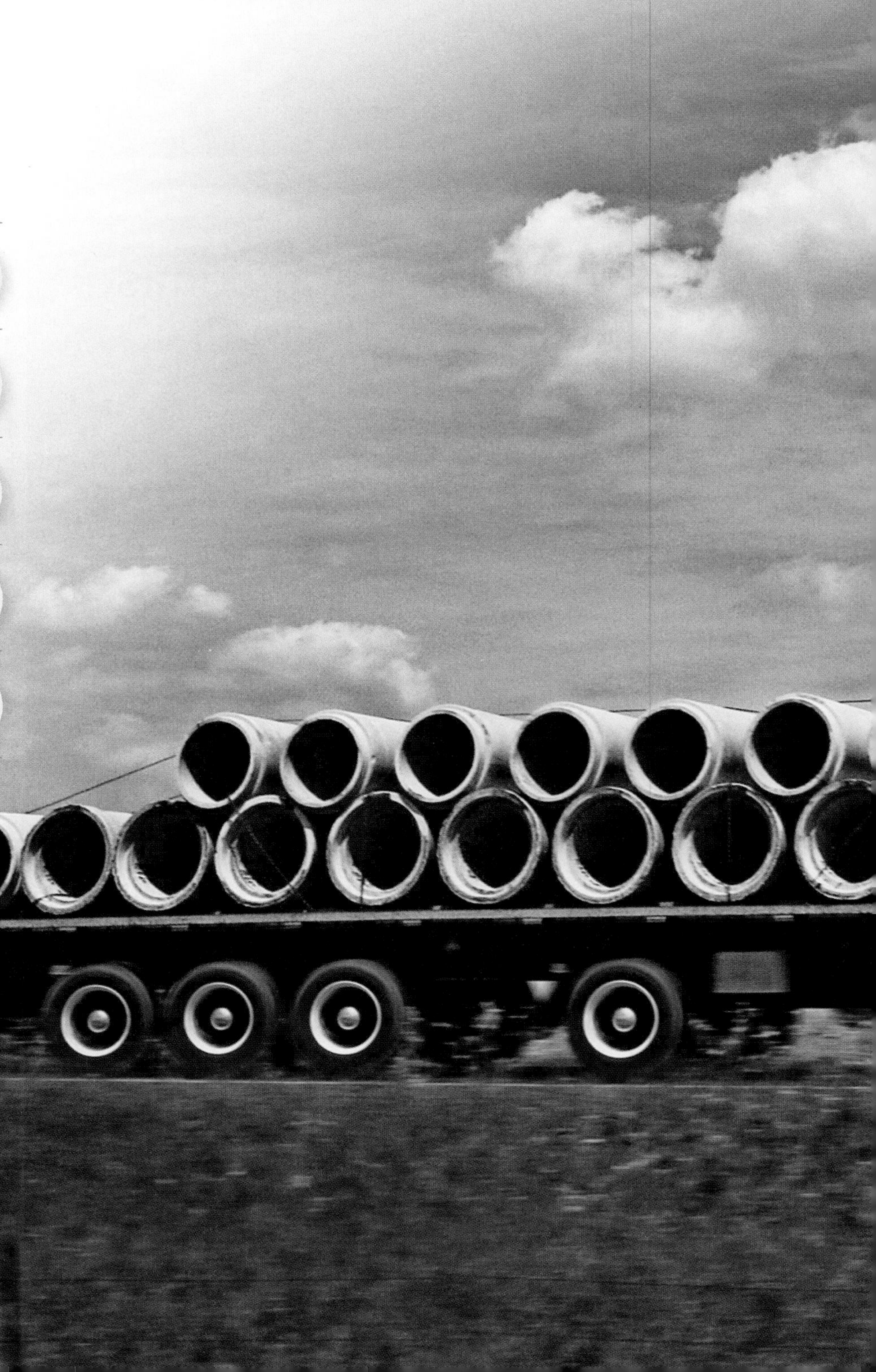

- grande
- pero
- todo
- hasta
- pronto

¡Qué **grande**! Lleva peso, **pero** no un poco... ¡mucho peso!

¡Cabe **todo**!

Pasa por el camino. ¡**Hasta pronto**!

 www.harcourtschool.com/reading

Nico en el camino

por Paulette R. Novak
fotografías
de Doug Dukane

No ficción

Estudio del género

En un texto de **no ficción** se usan palabras y fotografías para brindar información.

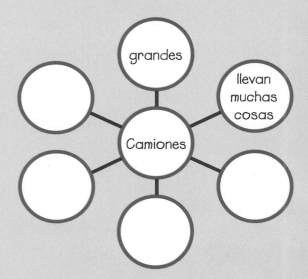

grandes

llevan muchas cosas

Camiones

Estrategia de comprensión

Verificar la comprensión: Inferir Mientras lees, piensa en lo que estás aprendiendo y en lo que ya sabes. Esto te ayudará a comprender mejor lo que estás leyendo.

Nico en el camino

por Paulette R. Novak
fotografías
de Doug Dukane

Yo soy Nina. Él es Nico, mi papá.

Éste es su camión.

¡Es así de grande!
¡Casi como mi casa!

Pero no es el único.

Con mucho peso...

...pasa por los caminos.

Papá se asoma.

Poco a poco, se mete todo.

Y Papá se pone en camino.

¡Hasta pronto, Papá!

Pensamiento crítico

1 ¿Qué es un camión? CLASIFICAR Y CATEGORIZAR

2 ¿Para qué sirven los camiones?

IDEA PRINCIPAL

3 ¿Qué va a hacer Nico después?

SACAR CONCLUSIONES

4 Si conocieras a los personajes de esta historia, ¿qué les preguntarías?

RESPUESTA PERSONAL

5 **ESCRIBE** ¿Qué te gustaría ser cuando seas grande? ¿Por qué? Escribe una oración sobre este tema. RESPUESTA ESCRITA

Perfil del fotógrafo
Doug Dukane

Cuando era niño, Doug Dukane vivía cerca de una carretera y solía observar los camiones que pasaban. Ahora, Doug es fotógrafo. Está convencido de que pueden tomarse muy buenas fotografías de camiones porque son muy coloridos y brillantes.

—¡Me divirtió mucho subir a un camión y tomar fotografías para esta historia! —cuenta Doug.

En Internet www.harcourtschool.com/reading

107

Camión con remolque

por Bobbi Katz
ilustrado por Bob Staake

Poesía

Camión con remolque

por Bobbi Katz
ilustrado por Bob Staake

Somos compañeros. No nos separamos.
Por la carretera, juntos siempre andamos.
¿Qué es una cabina sin su remolque?
Un barco sin agua que lo soporte.

De costa a costa, a gran velocidad,
llevamos la carga por la interestatal.
¡Qué cosa más linda, viajar y viajar
sobre muchas ruedas de aquí para allá!

109

Enlaces

Comparar textos

1 ¿En qué se parecen la lectura y el poema? ¿En qué se diferencian?

2 ¿Qué tipo de camión te gusta más? ¿Por qué?

3 En el poema, la cabina y el remolque son compañeros. Piensa en alguno de tus amigos. Di qué cosas les gusta hacer juntos.

Escritura

Piensa en "Nico en el camino". Haz una lista de las cosas que pueden llevarse en un camión de un lugar a otro. Elige una de esas cosas y escribe una oración.

En el camión se pone leche.

Fonética

Forma y lee nuevas palabras.

Comienza con **cuna**.

Cambia **cu** por **pe**.

Cambia **na** por **ca**.

Cambia **pe** por **sa**.

Cambia **ca** por **no**.

Práctica de la fluidez

Lee en voz alta "Nico en el camino". Presta atención a las letras mayúsculas, las comas, los puntos y los signos de exclamación. Esto te ayudará a saber cómo leer cada oración. Lee como si estuvieras hablándole a alguien.

Tema (2) Uno para todos

▶ *Zoológico instrumental*, artista desconocido

Lección 5 ▶

Eva en casa
Gala y Vito
La ayuda de los árboles

Reconocer la estructura del cuento

Personajes

Lección 6 ▶

¡Sube, Sol!
En el mapa
Caminos

Verificar la comprensión

Sílabas terminadas en -*l* y en -*s*

113

Contenido

Lección 4

1 Cuento para comenzar

Los amigos de Gogo
por Linda Barr
ilustrado por Laurence Cleyet-Merle

2 Género: Fantasía

¡Arriba, Gabi!

por F. Isabel Campoy
ilustrado por Bernard Adnet

¡Qui-qui-ri-quí!

3 Género: No ficción

115

Cuento para comenzar

Fonética

Sílabas *ga, go, gu*
b + vocal

Palabras para aprender

Repaso

tiene

es

para

qué

de

gracias

Los amigos de Gogó

por Linda Barr

ilustrado por
Laurence Cleyet-Merle

116

Gogó tiene cosas bonitas.

Una cosa bonita es para
su amigo Beto.

Una cosa bonita es para su
amigo Gabito.

¿Qué es? Beto no sabe.

Gabito no sabe.

¡Gogó sí sabe!

¡**Pelotas** de goma!
¡Gracias, amigo Gogó!

123

Destreza de enfoque

Principio, medio, final

Los cuentos tienen un **principio,** un **medio** y un **final.** Este orden ayuda a que los cuentos tengan sentido.

Observa estas fotos. Cuentan una historia.

Estas fotos muestran lo que sucede al principio, en el medio y al final de la historia sobre esta niña.

Estas fotos también cuentan una historia.
¿Qué sucede al principio, en el medio y
al final?

Inténtalo

Ordena estas fotos. Indica qué sucede al principio,
en el medio y al final.

En Internet www.harcourtschool.com/reading

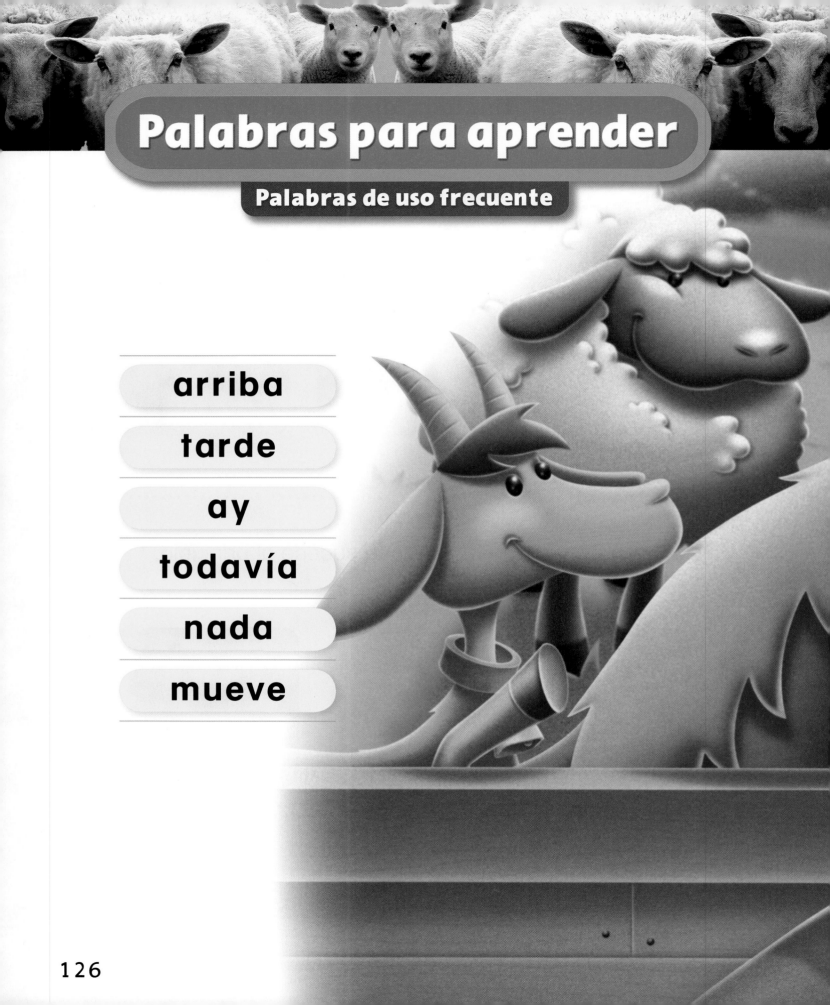

Palabras para aprender

Palabras de uso frecuente

arriba

tarde

ay

todavía

nada

mueve

¡**Arriba**, Gabi! ¡Es **tarde**!

¡**Ay**! ¿**Todavía** está en la cama?

No le pasa **nada**.

¡**Mueve** las patas, Gabi!

www.harcourtschool.com/reading

127

por F. Isabel Campoy
ilustrado por Bernard Adnet

Fantasía

Estudio del género

En un cuento de **fantasía** pasan algunas cosas que no podrían ocurrir nunca en la vida real. En muchos cuentos de fantasía, los animales hablan y se comportan como si fueran personas.

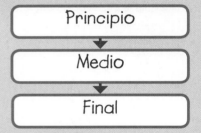

Principio

↓

Medio

↓

Final

Estrategia de comprensión

Resumir Después de leer algunas páginas del cuento, haz una pausa y pregúntate: "¿Qué ha ocurrido hasta ahora?" Si vas resumiendo las partes del cuento, luego te será más fácil recordar y comprender la totalidad de la historia.

128

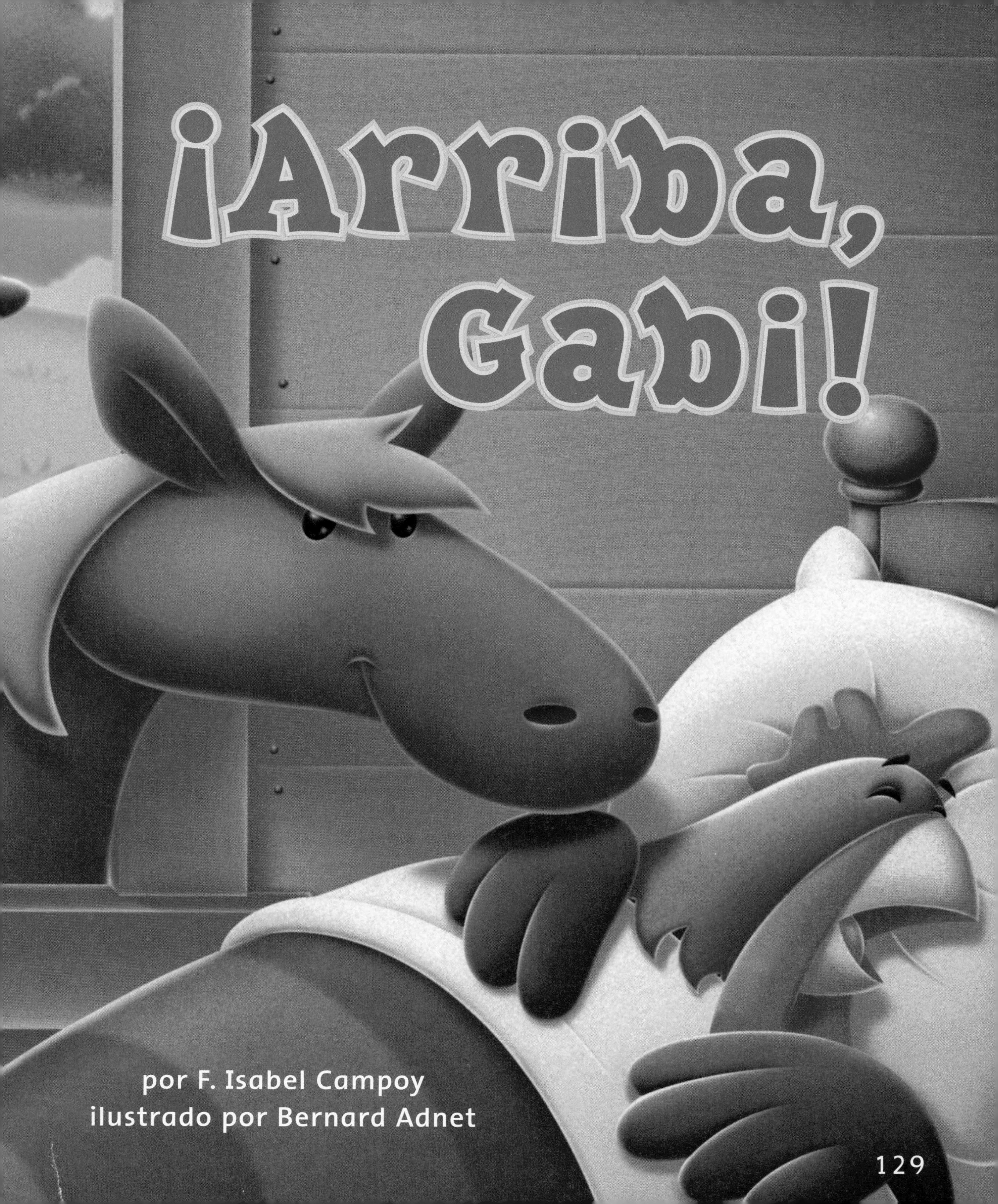

¡Arriba, Gabi!

por F. Isabel Campoy
ilustrado por Bernard Adnet

¡Benito! ¿Dónde está Gabi?

¿No está en su casa?

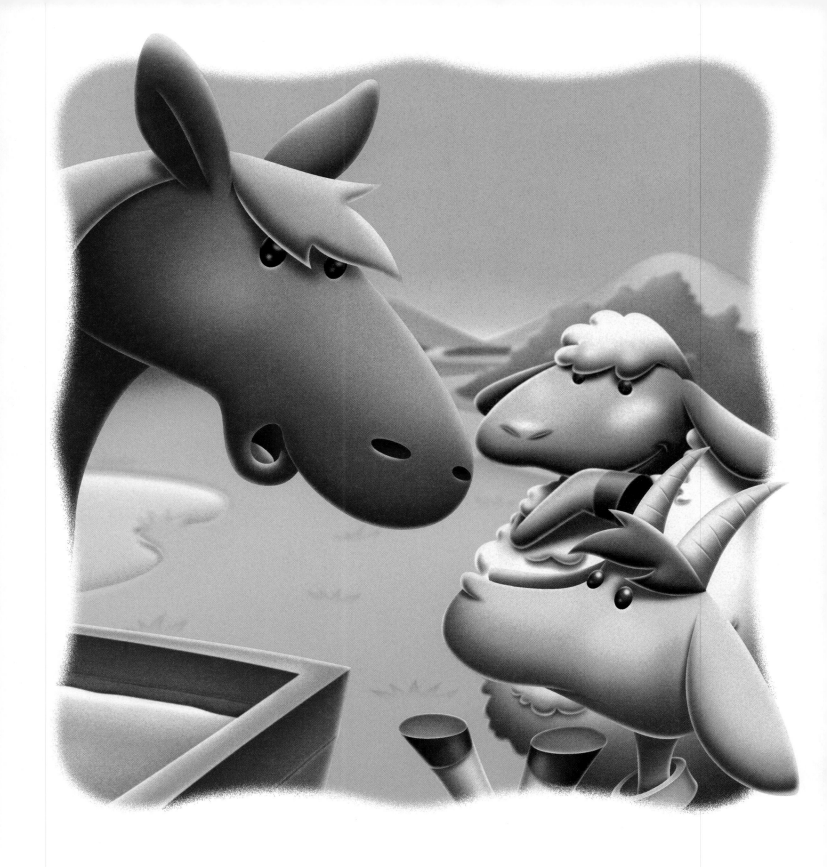

Gabi no se asoma.

¡Todavía está en la cama!

¡Arriba, Gabi! ¿Qué te pasa?

No me pasa nada. ¡Qui-qui-ri-quí!

¡Mueve esas patas! ¡Es muy tarde!

Esta cosa no sonó. ¡Qué pena!

Su amigo Bubú tiene una idea.

¡Sé de una cosa bonita para Gabi!

¡Esto es para Gabi! ¿Un saco?

Bubú pone el saco en la cama.

¡Ay! ¡Esta cosa sí sonó!

¡Qui-qui-ri-quí!

143

Pensamiento crítico

1 ¿Qué ocurre al principio del cuento?

PRINCIPIO, MEDIO Y FINAL

2 ¿Qué hacen los animales para ayudar a Gabi?  PRINCIPIO, MEDIO Y FINAL

3 ¿Cómo termina el cuento? PRINCIPIO, MEDIO Y FINAL

4 ¿Podría ocurrir en la vida real lo que sucede en este cuento? ¿Por qué? REALIDAD Y FANTASÍA

5 **ESCRIBE** ¿Qué parte del cuento te pareció más divertida? ¿Por qué? Escribe acerca de eso.

RESPUESTA PERSONAL

Conoce a la autora
F. Isabel Campoy

F. Isabel Campoy vive parte del año en una finca. Todas las mañanas, se despierta con el canto de un gallo. "¡Ese gallo no tiene un despertador!", comenta Isabel. "Pero me pregunté qué podía pasar si usara uno. Y fue así que imaginé a Gabi y sus amigos."

Conoce al ilustrador
Bernard Adnet

Bernard Adnet nació y creció en Francia. Cuando era niño, pasaba horas y horas dibujando. Después, comenzó a hacer dibujos para sus sobrinos. Ahora le encanta que todos los niños disfruten de sus ilustraciones.

En Internet www.harcourtschool.com/reading

Enlaces

Comparar textos

1 Observa a los gallos del cuento y a los del artículo. ¿Qué ilustraciones te gustan más? Explica por qué.

2 ¿Qué cosas te sorprendieron al leer el cuento? ¿Y al escuchar el artículo? Explica por qué.

3 ¿Por qué es importante ayudar a otros?

Escritura

Los amigos de Gabi lo ayudan a hacer su trabajo. Piensa acerca de alguna vez que alguien te haya ayudado. Completa esta oración acerca del tema.

_____ me ayuda con _____.

Fonética

Forma y lee nuevas palabras.

Comienza con **goma**.

Cambia **ma** por **ta** .

Cambia **go** por **bo** .

Cambia **ta** por **ca** .

Práctica de la fluidez

Lee en silencio "¡Arriba, Gabi!". Recuerda que las comas indican una pausa. Luego, vuelve a leer el cuento con un compañero. Para leer expresivamente, presta atención a las mayúsculas, los puntos y los signos de exclamación e interrogación.

Contenido

Lección 5

1 Cuento para comenzar

Eva en casa

por Anne Mansk
ilustrado por
Sachiko Yoshikawa

2 Género: Ficción realista

Gala y Vito

por David McPhail

La ayuda de los árboles

3 Género: No ficción

Fonética

/ + vocal

v + vocal

Palabras para aprender

Repaso

qué

en

y

está

con

de

Eva en casa

por Anne Mansk

ilustrado por Sachiko Yoshikawa

¡Qué bonito se ve eso!
¿Qué **hace** Papá **en** la casa?

Papá usa la pala.

¿Y Lito? ¿Qué hace?
Lito está con Papá.

155

¿Y Mamá? ¿Qué hace?
Mamá toma notas en la sala.

¿Y Eva? Eva no toma notas.

Eva no usa la pala.
¿Qué hace Eva en la casa?

Eva sale de la casa.
¡Sale con Vale!

Destreza de enfoque

Personajes

Los **personajes** de un cuento son los animales o las personas que aparecen en ese cuento.

Observa la foto.

Los niños son los personajes.

160

Observa las fotos. Señala los personajes que ves en cada una. Explica cómo sabes que ésos son los personajes.

Inténtalo

Observa estas fotos. Di en qué foto aparecen personajes y en cuál no.

 En Internet   www.harcourtschool.com/reading

Palabras para aprender

mejor

calor

cerca

162

Vito es mi amigo.

¡Es el **mejor**!

Tiene **calor**, pero cava y cava.

Cava muy **cerca** de la casa.

En Internet www.harcourtschool.com/reading

Gala y Vito
por David McPhail

Ficción realista

Estudio del género
Un cuento de **ficción realista** narra una historia que inventó un escritor, pero podría haber sucedido en la vida real.

Quién	Dónde	Qué

Estrategia de comprensión

Reconocer la estructura del cuento Mientras lees, hazte preguntas. ¿Quiénes son los personajes del cuento? ¿Dónde están? ¿Qué les ocurre?

164

Gala y Vito

por David McPhail

Vito es el mejor amigo de Gala.
Cava y cava cerca de la casa.

¡Acá no, Vito!

Mamá tiene un árbol bonito.
Gala toma la pala. Vito mueve la cola.

¡Qué calor! Mamá no cava.
Gala no cava. ¿Y Vito?

Vito no tiene calor.

Vito cava y cava.

Vito saca y saca.
Más y más.

¿Cavó mucho Vito?

Mamá pone el árbol.

¡Ay! Se ve sólo la copa del árbol.

Vito tapa y tapa. Tapa y tapa más.

¡Qué bonito árbol!

¡Gracias, Vito!

Pensamiento crítico

1 ¿Quiénes son los personajes del cuento? 🐌 PERSONAJES

2 ¿Qué problema hay con el hoyo?
PROBLEMA Y SOLUCIÓN

3 ¿Quién resuelve el problema? ¿Cómo lo hace? PROBLEMA Y SOLUCIÓN

4 ¿Crees que Vito es inteligente? ¿Por qué? RESPUESTA PERSONAL

5 **ESCRIBE** ¿Te gustaría tener una mascota parecida a Vito? ¿Por qué? Escribe una oración sobre este tema. ✏️ RESPUESTA PERSONAL

179

Conoce al autor e ilustrador
David McPhail

David McPhail comenzó a dibujar cuando tenía tan sólo dos años. En esa época, dibujaba con un creyón negro en bolsas de papel que su abuela recortaba especialmente para él. Afirma que fue muy divertido escribir y dibujar este cuento y que le encanta ver cómo las ilustraciones ayudan a armar y darle sentido a los cuentos.

En Internet www.harcourtschool.com/reading

La ayuda
de los
árboles

No ficción

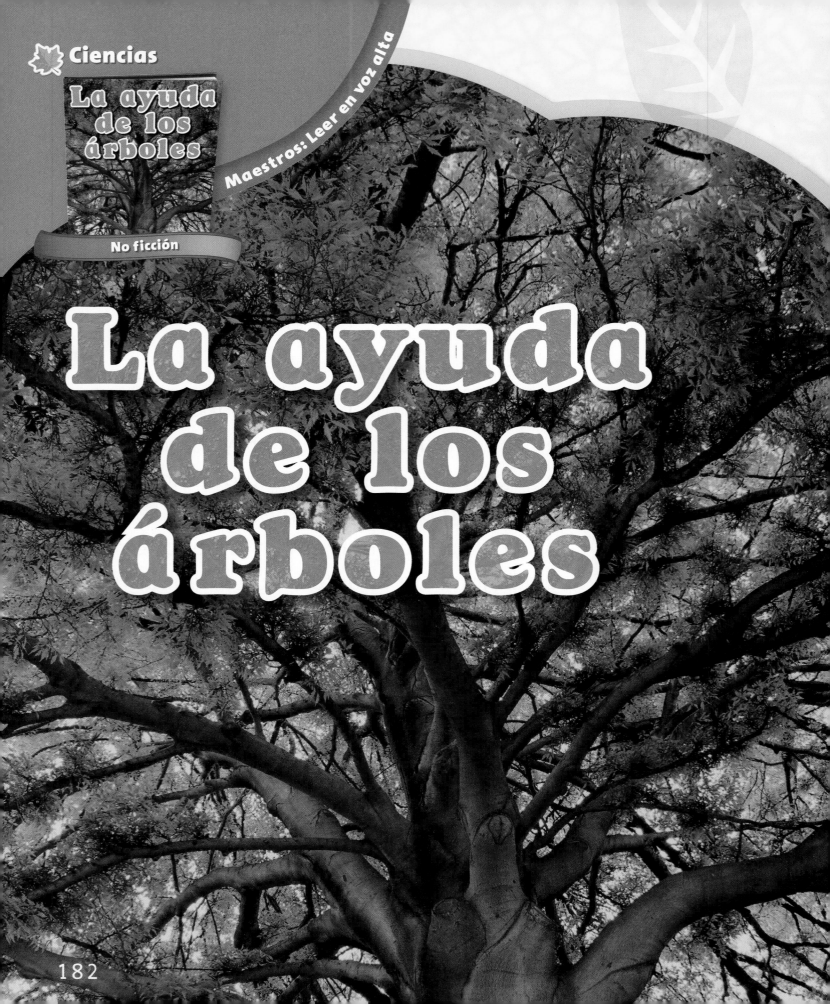

La ayuda de los árboles

Los árboles nos dan aire puro.

Los árboles dan refugio a los animales.

Usamos la madera de los árboles.

Comemos los frutos que dan los árboles.

Enlaces

Comparar textos

1. ¿En qué se parecen el cuento y el artículo? ¿En qué se diferencian?

2. ¿Qué ilustraciones te gustaron más? ¿Por qué?

3. Si quisieras plantar un árbol, ¿qué tipo de árbol elegirías?

Escritura

> Yo camino con mi gato.

Gala y su perro Vito ayudaron a plantar un árbol. Piensa acerca de algo que tú y una mascota podrían hacer juntos. Escribe una oración acerca del tema.

Fonética

Forma y lee nuevas palabras.

Comienza con **<u>ave</u>**.

Cambia **ve** por **la** .

Cambia **a** por **ve** .

Cambia **la** por **na** .

Cambia **ve** por **lu** .

Práctica de la fluidez

Lee "Gala y Vito" con un compañero.
Mientras uno lee, el otro debe seguir
el texto con la vista. Ayúdense a leer
correctamente las palabras. Si uno se
equivoca, el otro puede ayudarlo.

Contenido

Lección 6

1 Cuento para comenzar

¡Sube, Sol!

por Deanne W. Kells
fotografías de Steve Williams

2 Género: No ficción

En el mapa

por Lucy Floyd
ilustrado por
Max Grover

Caminos

por Elizabeth Spires
ilustrado por
Sachiko Yoshikawa

3 Género: Poesía

187

¡Sube, Sol!

por Deanne W. Kells
fotografías de Steve Williams

Fonética
Sílabas terminadas
en -*l* y en -*s*

Palabras para aprender

Repaso

en

está

y

hasta

¡Sube, Sol!

por Deanne W. Kells
fotografías de Steve Williams

—¡Sol! ¿Ves la **pared** en el mapa?

—¡Papá! ¡La pared está acá!

—¿Subo, papá?
—Sí, Sol. ¡Sube!

—Toma tus cosas.

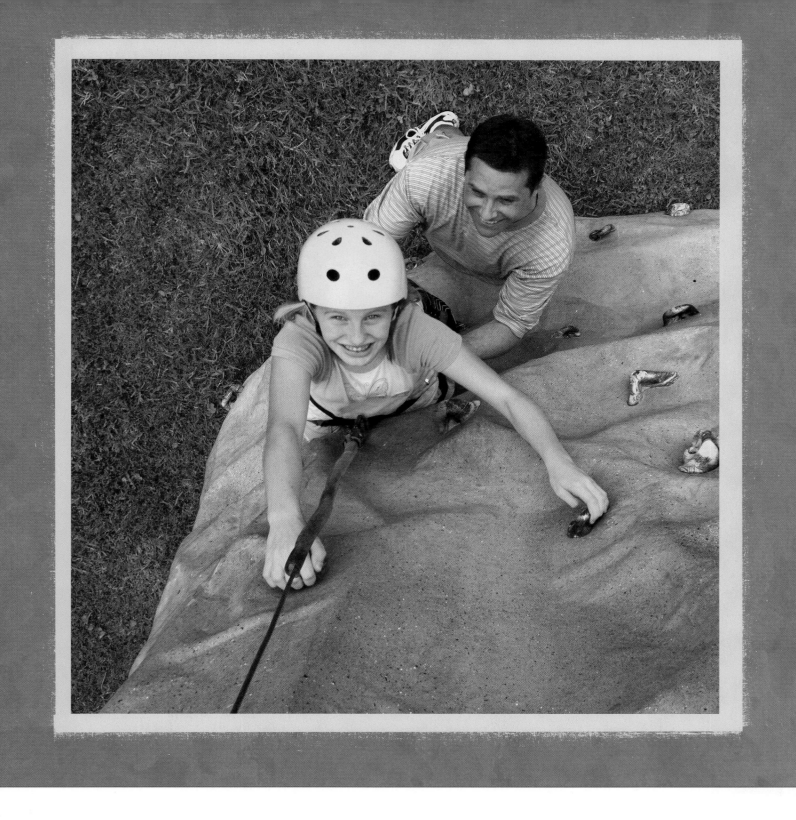

—¡Vamos, Sol! ¡Sube!

Sol sube. Sube más y más.

¡Sol sube hasta las nubes!

Destreza fonética

Sílabas terminadas en –l y en –s

Observa las fotos. Di si la palabra que aparece debajo de cada foto tiene una sílaba terminada en –l o una sílaba terminada en –s.

sal

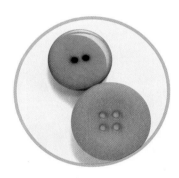

botones

sol

panal

más

casas

196

Lee cada oración. Elige la foto que corresponde a cada una.

1. Es alto.

2. Es una sola vela.

En Internet www.harcourtschool.com/reading

Inténtalo

Lee las oraciones.

La casa es alta.

Sale el sol.

Yo salto muy alto.

mira

hay

tienen

muchos

van

también

hacer

¡**Mira**! **Hay** mapas de todo tipo.
Casi todos **tienen** colores.

En este mapa, ves **muchos**
caminos. ¿Adónde **van**?

También hay casas.

¿Y tú? ¿Sabes **hacer** un mapa?

En
Internet
www.harcourtschool.com/reading

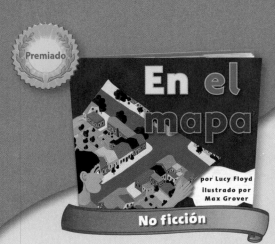

En el mapa

por Lucy Floyd
ilustrado por
Max Grover

No ficción

Estudio del género

Un texto de **no ficción** da información sobre la realidad. Muchos incluyen fotografías.

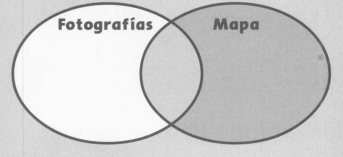

Fotografías   Mapa

Estrategias de comprensión

Verificar la comprensión: Regular el ritmo de lectura Es importante que comprendas lo que lees. Leer más lentamente puede ayudarte a comprender el contenido de un texto de no ficción.

200

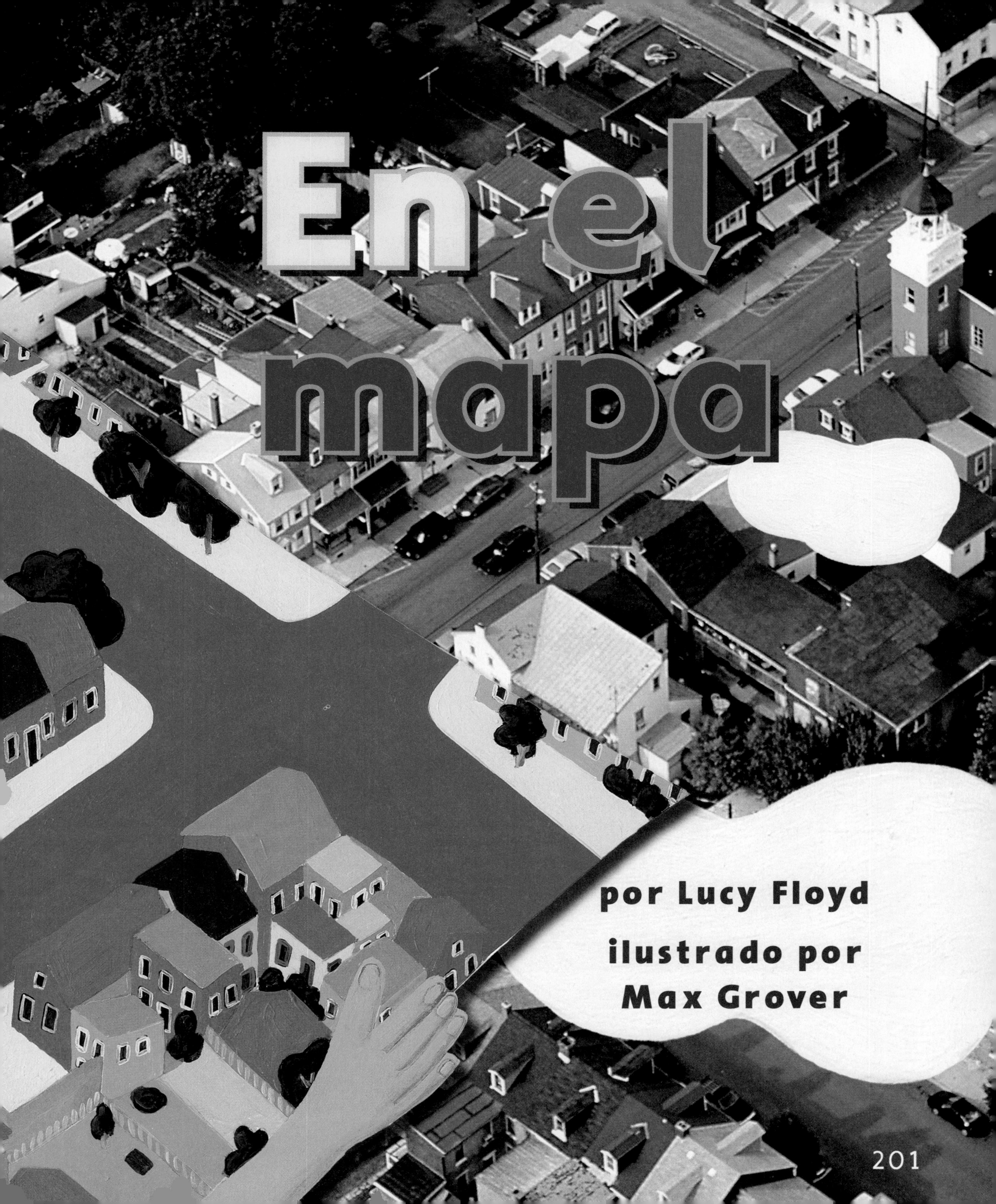

En el mapa

por Lucy Floyd

ilustrado por Max Grover

Es una ciudad. ¿La ves?

Es un mapa. ¿Lo ves?

¿Sabes qué es?

¿Dónde está en el mapa?

En este pueblo hay casas y calles, caminos y colinas.

¿Dónde están las colinas?
¿Les da el sol?

Tienen muchos pisos. ¿Los ves?

¿Dónde están en el mapa?

¿Qué es?

También está en el mapa.
¿Lo ves? ¿Dónde está?

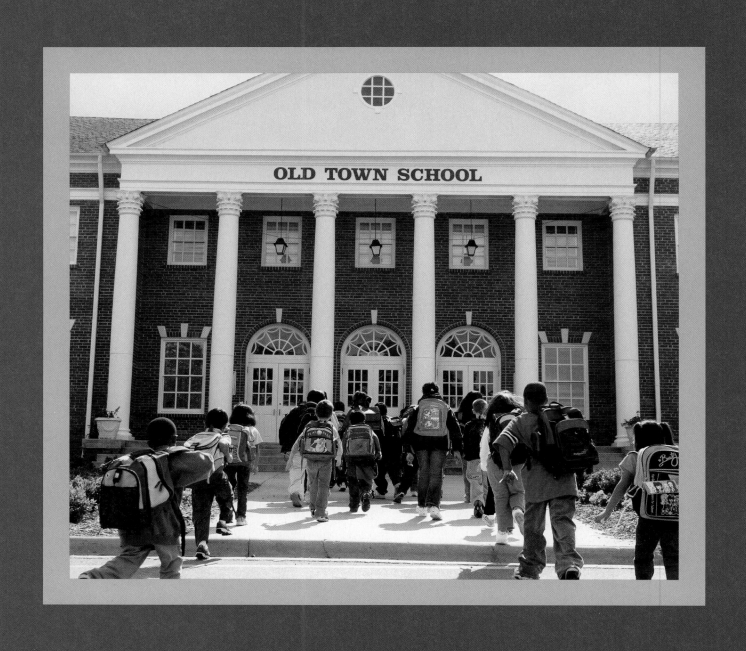

¿Qué es?

¿Dónde está en el mapa?

Van a hacer un mapa.
¡Qué bonitos los mapas!

¡Mira! ¡Un mapa!
Ahora te toca a ti hacer un mapa.

Pensamiento crítico

1 ¿"En el mapa" es un texto que brinda información o que cuenta una historia inventada? ¿Cómo lo sabes? CLASIFICAR Y CATEGORIZAR

2 ¿Qué es un mapa? IDEA PRINCIPAL

3 ¿Qué cosas puedes ver en un mapa?

CLASIFICAR Y CATEGORIZAR

4 ¿Para qué puede usarse un mapa como los que se ven en la lectura? IDEA PRINCIPAL

5 ESCRIBE Elige un lugar. ¿Qué mostraría el mapa de ese lugar? Dibújalo y escribe acerca de él. RESPUESTA PERSONAL

216

Conoce a la autora
Lucy Floyd

Lucy Floyd ha escrito muchos cuentos. Algunos son imaginarios y otros tratan sobre personas reales que hacen cosas reales. "Me encantó escribir esta historia", dice. "Me trajo recuerdos de mis viajes. Cuando viajaba, las imágenes de los mapas me ayudaban a encontrar lo que buscaba."

Conoce al ilustrador
Max Grover

A Max Grover le encanta probar colores nuevos y hacer ilustraciones para mostrar al mundo su manera de ver las cosas. "Disfruté de ilustrar este cuento porque me encantan los mapas", dice. "Me gustan los colores de los mapas y el trazado serpenteante de las calles."

En Internet www.harcourtschool.com/reading

217

Caminos

por Elizabeth Spires
ilustrado por
Sachiko Yoshikawa

Poesía

Caminos

por Elizabeth Spires
ilustrado por Sachiko Yoshikawa

Al Norte, al Sur,
al Este, al Oeste,
siempre viajamos,
no descansamos.

¿Adónde vamos?
¡A todos lados!
¡Somos los caminos!
¡Es nuestro destino!

Enlaces

Comparar textos

1 ¿De qué manera los mapas y los caminos nos ayudan a llegar adonde queremos ir?

2 ¿Qué te gustó más de cada lectura? ¿Por qué?

3 ¿Crees que los conductores de camiones usan mapas? ¿Por qué?

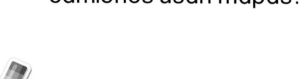

Escritura

Piensa en el texto "En el mapa". Ahora piensa en lugares que estén cerca de tu casa. Escribe una pregunta que te podría hacer alguien que visite tu vecindario por primera vez.

¿Dónde está tu escuela?

Fonética

Forma y lee nuevas palabras.

Comienza con **sal**.

Agrega **to** al final de la palabra.

Cambia **to** por **ta**.

Cambia **sal** por **gus**.

Cambia **gus** por **pas**.

Práctica de la fluidez

Lee "En el mapa" con un compañero. Recuerda que los signos de exclamación indican una emoción. Ayúdense entre ustedes para leer con la emoción que corresponda en cada oración.

Glosario

¿Qué es un glosario?

Los glosarios pueden ayudarte a leer una palabra.
Busca la palabra y léela en una oración. Para que te
resulte más sencillo, cada palabra está acompañada
por una fotografía.

árbol　　　El **árbol** es alto.

árbol   El **árbol** es alto.

arriba   ¡**Arriba,** Luli!

baila   Lisa **baila** con sus amigas.

calles   Estas **calles** son muy anchas.

camino   Vamos por el **camino.**

camión   El **camión** es grande.

casa   Vivo en esta **casa.**

ciudad   Ésta es mi **ciudad.**

colina   Subimos la **colina.**

M

mapa   Lila mira el **mapa.**

mira   Lucas **mira** la foto.

muchos   Sofi tiene **muchos** amigos.

N

nube   La **nube** no tapa el sol.

P

pala   Cavo con la **pala.**

paseo   Nos vamos de **paseo.**

pelota   Pateo la **pelota.**

pueblo   En el **pueblo** hay casas y calles.

S

saco   En el **saco** se ponen cosas.

tarde ¡Ay! Es muy **tarde.**